相場力は人生力

お金儲けだけが相場ではない
人生の投資はここから始まる

さくらの虎清

Parade Books

はじめに

本音と建前という言葉があるが、今の社会は建前に支配された感がある。政治家の言葉や報道番組の解説を聞いても、発せられるのはありきたりで無害な事ばかりだ。それもそのはず。この国ではちょっとでも変わった発言をしようものなら物議を醸し、最終的には批判の対象とされ、仕事や将来の生活まで支障をきたす事となる。許されるのは体制の批判や弱者への擁護で、逆にこの領域で少しでも迂闊な発言をすると、ヒステリックともいうべき世間の吊し上げの憂き目にあう。これでは誰も余計な事を話そうと思わなくなるのは当然のことかもしれない。そして、本音を隠し付和雷同的に建前ばかりに流れて行く潮流は、この国が陥りやすい病魔なのだろう。どこかの時点で行き詰まる事が分かりながら、変える事ができない社会保障の放漫な政策は、かつての太平洋戦争の教訓を生かせていない証拠と言えないか。

そんな息苦しい世の中にあって、私は本音の空気が吸える場所を見つけた。それが相場である。相場とは、参加者全員が本気で戦っている戦場であり、そのチャートの動きは嘘偽りのない人間の心理の描写そのものである。私は幾万もの株式トレードを通じて、数多く人間の本音と向き合う経験をし、それはまた自分自身の本音を確認する場にもなった。そしてある時から、相場の中で生き抜くための身のこなし方は、人生においての身のこなし方と共通点がある事に感づき始めた。

本書執筆の起点はそこにある。兵法とも言える相場での規律や心構えを、人生の生き方や様々な趣向に絡め三十六策のオリジナル四字熟語として仕上げた。四字熟語にした理由は、第一章のタイトル「戦いのなかで戦いを忘れぬために」とあるように、場中では様々な危機、苦境、想定外が待ち受けており、その中において自分を見失わずに瞬間瞬間の判断を出していくには、対応策を長い言葉ではなく短い単語で記号のように頭と心に刻んでおく事が、より実用的だと考えたからだ。そして、三十六策の思い付きの大部分は、実際に私がトレードの最中、本音の神髄に触れたと思った瞬間にすぐさまメモに書き止めたもので、躍動する相場の現場で生まれたものばかりである。よって、ありきたりな建前ばかりを並べた投資本ではない事はお約束しよう。相場で繰り広げられる狂乱や惨禍の中でしか目にできない、人間の奥底に存在する本音をそのまま引き抜き綴った本書が、投資家の参考となり、また投資をしない人にとっても生き方の一助となる事を願うばかりである。

平成三十年十一月　さくらの虎清

目次

第二章　勝利を正しく恐れろ　77

第一章　戦いのなかで戦いを忘れぬために

相入三果《そうにゅうさんか》

――相場に入れば三つの果実を得る

日本人は相場でお金儲けをする事に対し、卑しい行為と見なす風潮がある。額に汗をかかず楽にお金儲けする事に対して、罪悪の念があるのだろう。

私もかつては何となくそうだった。

しかし、相場の世界では、学習の努力を怠らず、多大なる精神的苦痛と経済的損害を何度も被りながらも、不屈の闘志で這い上がらなければ生き抜いて行けない事を知った今、決して楽にお金を稼げるものではないと断言できるようになった。

同時にこの世界では、三つの果実を得る事ができるのを知った。

一つ目は、世界情勢から地方で起こった一事件まで、世の中の出来事に対して意識が向くようになり、その評価が株価に連動するため、物事をより深く見定める力が身に付く事だ。

この作業に従事していると、本来は無関係である遥か遠くの世界の出来事や経済のダイナミズムに自らを乗せる事となり、社会と繋がりができる。

そこで体得する知識や経験は大きな果実となる。

二つ目は、自分自身や人間心理について学べる事だ。

特に短期トレードをやれば、トレーダー達の生々しい騙し合いの現場を目の当たりにすることになる。

また、自分が窮地に追い込まれる事も多々あり、そういった状況下で自身が有り得ぬ行為をする生き物だという事を知る事にもなる。

毎日、数十数百のトレードをすれば、日常では滅多に遭遇しない困難と頻繁に向き合うこととなり、この精神的揺さぶりは多くの学びの機会となる。

三つ目は、お金という果実である。

そしてその多寡は、そのまま通知表として明確に数値化される。

自分の考えが正しいのか正しくないのか。

自分の実力はどの程度のものなのか。

仕事にしろ遊びにしろ、その能力を数値化することは難しい。

数値化するには事象が少なかったり、その結果は自分自身のみの能力で成し得たものなのか、それとも運や人の力によるものなのか、という疑義がいつも付きまとう。

相場には当然、運の要素はあるが、試行回数が多くなればそれは溶けてなくなる。

真の力がこれほど如実に数値化される仕事も珍しいだろう。

運の悪さや人間関係に恵まれず、恨み節の人生を歩んでいる人間に対しても、実際をあからさまに突き付けるので、人を絶望のどん底に落とす怖さもあるが。

このような三つの果実を得る事ができる機会が、大きな門戸を開いて何時でも誰でも参加できる状況にある事をもっと知るべきだ。

日本人の投資アレルギーは異常な状況にある。

傷一つ負いたくないのか、現預金比率は世界の国々の中でも圧倒的に高い。

多少の傷を覚悟し、身銭を危険にさらす事で得られる意識の改革は、社会全体にとっても意義がある。

今のままの内向き過ぎるお金の流れの方こそ、この国全体の将来にとっては罪悪なのである。

乱参天舞《らんさんてんぶ》

――割に合わない取引を知れ

出来高急増で高値を更新した場面。
あるいはＩＰＯ銘柄（新規公開株）の初値が付いた場面。
売り買いが目まぐるしく交錯しお祭り状態になる時がある。
私は絶対にこのような局面で場に入る事はない。
なぜなら今までの経験則で上手くいかない事が判明しているからだ。
原因となる心理状況は解析済みで、売り買いが激しく交錯し、上にも下にも大きく価格が揺れる時は、食指が動く魅力的な入口が随所にある反面、いざ入ってみると大きく揺れ動く価格に心を揺さぶられ、恐怖心からか居心地の悪さを覚え、小利で決済をしてしまう。

それならまだ良い方で、問題は反目に動いた場合だ。

反目に動いた場合、乱高下の凄まじさゆえに、反復力の高さを期待してしまい、どうしても損切が遅れてしまう。

そうこうしているうち、最悪の場合は床が抜けたような暴落に発展し、涙と猛省の投げ売り手仕舞いと相成ってしまうのだ。

つまり勝つ時は思うほどの利益でないにもかかわらず、負ける時は底の見えない崖下に転落するかの如く転げ落ち、普段の取引ではありえないような損害をいとも簡単に被ってしまうのである。

「乱参天舞」とはこの状況を例えており、乱れた相場に入る事は、天井裏で舞い踊るようなもので、窮屈で息苦しい、居心地の悪い天井裏で舞い踊っても、けして高くない位置にある棟木（屋根の骨組みの一番上の横木）に頭をすぐにぶつけてしまう反面、足元一つ間違えると天井が抜け落ち、落下して大けがを負うだけの割に合わない状況をいう。

三月三番《みつきみばん》

――三ヶ月内で三番目に勝った日の金額を覚えておけ

デイトレードは、子供の頃浜辺で遊んだ時の記憶と重なる。

朝が来て海辺に繰り出し、足がつかるぐらいの一番自由に動ける所で波打ち遊びをし、泳いでいる魚を捕まえたり逃がしたり。

天候が大切で波が少ないと面白味に欠け、逆に波が荒いと危険。

親から注意を受けたのは、必ず「足の届く場所」で遊ぶ事。

なぜなら「足の届く場所」とは、何かあっても直ぐに岸に戻れる場所であり、動きも取りやすく、精神的に安心できる場所であるから。

それがひとたび「足の届かない場所」に入ると体を思うように動かす事ができなくなり、呼吸もままならず、精神的に大きな不安を抱えてしまう。

焦り、もがき、手足をじたばたするが、そんな事で潮の流れに逆らえるはずもなく、悪戯に体力を消耗するだけである。

最悪、潮の流れによっては死地へと流される事もある。


どうやら「デイトレ」と「浜辺遊び」は共通する事が多いようだ。

デイトレも精神的に負荷がかからない範囲でやる事が肝要なのは言うまでもない。

では「デイトレ」でいう「足の届く場所」とはどのような基準になるのだろうか。

私はその基準を「三ヶ月内で三番目に勝った日の金額」に設定している。

それは偶発的事項を排除し、近況性と頻繁性を反映したところが「足の届く場所」となり得ると考えるからだ。

その金額がリスクの許容範囲であり、自分の身の丈であり、足の届く深さであるので損失がそこまで及べば、私は一旦手仕舞いをする。

手仕舞いをすれば、不安がなくなり呼吸も戻るし、新たに体勢を立て直す事もできる。

そして何より死地へ流される事を回避できる。

あなたは損確定の手仕舞いは悔しいけれど、その金額までの負けなら仕切り直しで精神的・金銭的に短期間で立て直す事が容易にできる場所を意識しているだろうか。

意識をすれば「足の届く場所まで積極的にリスクを取る」と腹を括る事も可能になり、急を要する大事なチャンスの際、無用なためらいも減るのではないだろうか。

違《い》釘《くぎ》抜《ばっ》正《せい》

――入り方を間違ったのなら一旦外に出ろ

この年になっても稀にボタンを掛け違える事がある。

解決するにはボタンを全て外して、一から始めなければならない。

木材に釘を打つ時も同様の事がある。

打つ場所や角度が悪いのか、いくら力を込めて金槌を叩いても中々奥に入っていかない。

無理に叩きすぎると釘や木材を痛めてしまう。

そういった場合は一旦釘を抜いて、場所を正して打ち直す事が一番の解決方法ではないだろうか。

似たような事で、車の車庫入れの入り方が悪く、思いのほか切り返しが多く必要になったり、仕事や人間関係の噛合いが悪く、何事もうまくいかない日があったりという事もある。

相場でも同じ事がある。

一旦悪いリズムに乗ってしまうと買っては下がり売っては上がり、まるで自分を狙い撃ちにしているかのような株価の値動きに翻弄されてしまう。

このような時に負けを取り返そうと無理に続けても、まず勝てっこない。

それは悪い場所に打った釘と同様に、叩けば傷口を広げ、打ち過ぎで釘が変形するかのように、自らの精神を歪めてしまう結果となる。

「これは悪い歯車に乗ったな」「この銘柄は手が合わないな」「何を触っても難しいな」

このような時は不思議ではあるが存在する。

賢明な解決法として一旦全てのポジションを外してみてはどうだろうか。

そして、一拍置くためトイレに行ってゆっくりと深呼吸をしたり、近所を散歩したりして心を落ち着かせ、新たな時間・視点からリスタートすると釘は簡単に入っていくものだ。

残了給食《ざんりょうきゅうしょく》

――取りこぼしなく利益を取ろうと思わない

小学校時代の給食。

私は幸せな事に、当時を思い出すと、毎日美味しく食べていたと記憶している。

しかしながら時として、どうしても食べられないメニューがあり、昼休みに入っても机に座り、教師の監視下の元、苦手な食べ物と格闘していた記憶もある。

その鍛錬のおかげか、今でも食事を残す事については抵抗があり、残さず全て食べれば問題ないが、残した場合は後味の悪い気持ちが残る。

その感性自体は真面目で決して悪い事ではないが、間違った場所でその真面目さを出してしまうと痛い目に会う。

その間違った場所とは相場の事だ。


朝、相場が始まり様々な銘柄が元気よく動き、値が飛び交う時間。

旬の人気メニューを配膳している時間に人は群がり、我先にと好物を貪る。

その貪りの中で鱈腹に満足するもの、あるいは食あたりでお腹を痛め床に倒れもがくものなど、様々なドラマが繰り広げられる。

その世界にいて、謙虚に少量しか食しない私は、好物を効率よく摂取する。

やがて好物のメニューは順次品切れとなり、当然、不人気のメニューが残る事となる。

早い日で前場の開始一時間経過したところ。

この時点で相場に停滞感が覆いはじめ、値はユラユラと元気も方向性もなく揺れる状況となる。

間違った場所とはここを言う。

美味しくもないメニューが並ぶ時間、苦手な食べ物が残った机の上の給食。

そんな状況下にありながら、食べ残しは悪と教えられた頭が、少しの取りこぼしも許さぬと苦手な相場・不効率な相場に戦いを仕掛ける。

しかしよく考えて欲しい。

この給食は残しても教師から怒られる事もなければ、後に面倒が残る事もない。

次の日になれば「必ず」新たな好物が配膳される仕組みになっているのだ。

「必ず」という言葉には自信がある。

数千営業日を戦った実体験として、これまでチャンスが全くなかった日など見た事がないからだ。

それなのに人はダレた昼下がりに給食の残飯を嫌々食べるように、わざわざ苦手に入ってしまう。

そこで悪戦苦闘し全集中を向けてしまうと、突然に好物が配膳されても気づかないだろうに。

相場では、学校給食のように全てを食べつくす必要はなく、取りこぼしなく利益を取ろうと思わない事。

好きな時だけ入り無理に苦手に入らず、次の日の好物だけを待てばよい。
相場という給食は残すことを了とされているのだ。

一株調者《ひとかぶちょうじゃ》

——一株握れば調べも調子もつく

面白い動きをしている銘柄を見つけた。

名前も聞いた事がない会社で、普段は地味な動きをしている事はチャートから読み取れた。

しかし、ここ数日はあきらかに動意づいた動きで、今この瞬間が一番の盛り上がりとなっている。

このような場面は危険も多く、なるべくなら触らないでおこうと考えるのだが、ある手法なら参加する場合がある。

それが「一株調者」である。

「一株調者」とは、動意銘柄の最小単元だけ掴み、小刻みな売買をし、その銘柄の出来高の起伏や値動きの癖を感じ取ろうと試みる事であり、そのリズムが取れるのならばタイミングが許せるところで単元を増やし、利益を伸ばす事に繋げる。

薬か毒かを少量で試し、薬と踏めば飲みに行くという事だ。

問題としては、それが小分けして販売している物かという事と、毒にも魅力がありそれに惹きつけられないようにしないといけない事。

ブランク明けにトレードする時、相場の流れに置いて行かれた時、相場に塞ぎこんでしまった時、まずは遊びの「一株調者」で気楽に入り、リズムやきっかけを掴んでみてはどうだろうか。

尾《び》座《ざ》首《しゅ》観《かん》

――二番手は視界が良い

連動して動く銘柄がある。

同種の事業内容だったり、話題のテーマに関連していたり、はたまた新規上場が同時期という理由だったりする。

この場合、二銘柄以上、数銘柄が同様の動きをするが、特徴としてその動きを牽引する主導的銘柄の存在がある。

出来高やボラティリティが高く、参加者の注目を一番に集める。

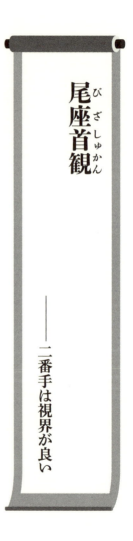

その他の銘柄は、連動性の強弱はあるがそれに追従するように動く。

いわば主の銘柄があり従の銘柄があるのだ。

私はこのような状況が訪れたとき、必ず従の銘柄を狙う。

確かに主の銘柄は動き出すとその高騰率は群を抜いて高いが、急落する場合のリスクも高い。

加えて先を読んだ立ち回りを取ろうにも、余りにも風当たりが強く、振り回されないようにしがみ付くことに精いっぱいで、生きた心地がしない。

それに比べ従の銘柄は乗り心地がいい。

主にあたる風向きを見ることで、時間を置いて流れてくる従の風を読むことが容易にできるからだ。

気をつけるべき点は、相場の中にはうねりがあるため、出だしの風に乗り遅れた場合は一回堪えて逆風を待ち、その逆風が追い風に切り替わるタイミングを計る必要がある。

全て主を観察すれば良いので、一旦この歯車に乗ると面白いように回転売買ができる。

それは船に例えるなら船尾に腰を下ろし、船首に立てた旗にあたる風向きや波に上下するうねりを観察しながら、荒波に対して上手に身をこなす立ち回りに近い。

実社会では新しいことにチャレンジした一番手が称えられる。

しかし、相場では勇ましい一番手になる必要はない。

臆した二番手でも多くの拾い物を得ることができるのだ。

術中八九《じゅっちゅうはっく》

――八割九割は敵の術の中

トレードの世界に「お金」は持ち込まないと始まらないが、「素直さ」は持ち込んではならない。

魑魅魍魎の権謀術数が張り巡らされている中においては仇となるからだ。

ここで言う「素直さ」とは、「他者から受ける刺激に対しての自己の自然な反応」を指す。

他者があなたのトレードが上手くいくようあなたに働きかけし、導いてくれるだろうか。

その逆はあるとしても。

トレードの世界において、あなたに刺激を及ぼす他者は「敵」だと認識したほうが良い。

私が普段見かける「敵」を挙げてみよう。

①特定の銘柄のありもしない風説を流す敵。
②急騰・急落・話題の事案など、直面した状況に乗せて過剰に煽る敵。
③自己のツイッターやブログの影響力を利用する敵。
④株価に対して思惑ありきの企業ＩＲやレーティングなどの発表を出す敵。
⑤過剰に玉を置いたり出来高を急増させる敵。

これらの敵については様々なやり口があるが、あなたが大負けしないための一つの例を紹介する。

株価を急に下げその下の買板を厚く配置し、反発狙いの参加者を増やすため狭いレンジの中で過剰な売り買いを繰り返す。

参加者に玉を多く握らせたところで下の買い板を破る。

破れたその下にも厚い買板群を配置しており、その上でまた過剰な売り買いを繰り返す。

そこでまた参加者が増えるとともに、最初に参加し玉を握ったままの人に対して損切を躊躇させるどころか、ナンピンを促進するようにいかにも下落しそうにない厚い買板状況を演出する。

もう参加者が集まらないと見たところに突然の買板破りをし、以後同様の繰り返しをする。

最終的には最後の買板破りで価格を大幅に下げ、先ほどまであったサポートになる厚い買板群を配置しない事で、玉を握り続け過剰にナンピンをしてしまった参加者の恐怖にかられた損切ラッシュ状態となり、そこで株価を揺らしたり動きを止めたりして、参加者に握らせた玉を手放させる作業で仕上げとなる。

一例ではあるが毎日このような事ばかりだ。

素直に株価が動く事もあるがそれはごく僅か。

術中八九。

十ある中の八か九は敵の術中にあると考えた方が良いという事だ。

弔事談笑《ちょうじだんしょう》

――相場の流れに取り残される愚か者とは

厳かに執り行われている葬儀の場。

故人は米寿を超える生涯を大往生したとはいえ、一週間前まで元気一杯であった故人の姿を知る者、とりわけ親族の悲しみは表面以上に深い。

そんな悲しい胸中にありながらも弔問で訪れた客人に重苦しいものを負わせないよう、また、決して不幸なだけの臨終ではない事を伝える意味において、親族は表情を緩やかに保ち、場合によっては客人と談笑しつつ式は進む。

しかし、底流に流れる親族の気持ちは悲しい。

稀にこのような親族の複雑な心境をはき違える客人がいる。

余分に談笑しすぎてしまう客人だ。

親族は基本的に悲しみの流れの中にあるが、客人のあしらいには無理をして首を振り返さねばならない。

その事をはき違えた客人は、無理をさせていると知らずに余分な談笑をしてしまい、最悪な場合、親族のいない所までその空気を広げてしまう。

そんな客人は気が付けば周りから浮き、親族も彼を取り残し、金輪際振り向く事はなくなる。

相場においてもこのような事が起こる。

全面的に大幅安。

下げが下げを呼ぶ悲観相場の最中。

実はこのような時でも逆行して上がる局面がある。

下がり過ぎた故の反発局面だ。

しかし、底流に流れる悲観の流れは一定だ。

その流れに逆らった反発は一時的なもので、すぐさま力尽きる事となる。

それが分からないトレーダーがいる。

反発の流れに乗りすぎてしまうのだ。

気が付けば余計な量のポジションをかかえたまま、遠ざかる後ろ姿の相場に取り残されてしまう結果となる。

好補暴累《こうほぼうるい》

——銘柄探しより力加減の方が難しい

プロ野球の試合での事。
その日、完封の勢いで好投を続ける投手。
ストレートは鋭く、変化球は曲がり、コントロールも的確。
そんな投球の中、ピッチャーゴロの打球をつかんだ投手は一塁に投げる。
軽く投げてもアウト間違いなしのタイミングで、打者も走塁を諦めがちの状況。
ところが次の瞬間球場がどよめく。

投手がゆっくりと一塁に送った球は、一塁手の上を超え、まさかの暴投となったからだ。

このような事はよくあるようだ。

投手として全力で投球すれば素晴らしい球が投げられる一方で、力を抜いて誰でも簡単に投げられる球が暴投になる事が。

百の力を引き出す事よりも五十の力を出す力加減の方が難しいという事だろう。

トレードにおいても同様だ。

自分で定める百の力（全財産という意味でなく、許容リスクを考慮した投入額の上限という意味）をフルに投入できる機会が至るところであれば別であるが、実際はその銘柄の出来高やボラティリティを見て投入量を調整しなければならない。

新興銘柄には、気まぐれな乱高下が良くあるが決して売買金額が多いわけではない。

こういうところでの資金の投入量は慎重にしないとまずい。

何も考えずにフル投入するものなら、売却するにも値が下がるため躊躇が生まれ、その結果逃げ遅れの原因となり被害を拡大させてしまう。

最後は底値で暴投売りとなってしまう事だろう。

人《じん》地《ち》風《ふう》波《は》

——株価を読む四つの視点

人

もちろん人材の事である。

特にトップの経営者がどのような人物かは企業の興廃に大きく影響する。

難しいのは経営者と直接知り合いなんて事はないだろうし、知っていてもその人物の内実なんてよっぽどの関係でないと分からないという事だ。

しかし、本人を知らなくても本人を知る方法はある。

例えばある人物の部屋を見る事で、その人物がどのような人かは察する事ができる。

室内の飾り物、本棚の本、タンスの洋服、家具・家電、これだけでも趣味・趣向・経済状況が分かるし、それらが整って収納されているのか、掃除は綺麗にされているのか、簡素か繁雑か等、人となりが滲み出るものである。

経営者も同様に現場を見る事で掴める事がある。

私の地元に十年経たずして株価が三十倍近くになったドラッグストアの会社がある。

十年間派手な動きのない、なだらかな右肩上がりの綺麗なチャート。

このドラッグストアは、私も良く利用するので現場は良く知っている。

感心させられるのはレジでの対応の良さだ。

普段二ヶ所しか稼働してないレジであるが、急速にレジを待つ客が並びだす事がある。

すると迅速にどこからともなくレジ対応の店員が増援され一気に五ヶ所が稼働し始めるのである。

そしてその賑やかな状況に目途がたてば逐次レジの店員は元の作業に戻る。

そのなんとも気持ちのいい登退場劇は見事なものである。

ここまでの芸当は他のドラッグストアやスーパーではお目にかかれない。

きっとこの規律のとれた対応は、経営者のしっかりとした指導あってのものだろう。

現場を見ることで経営者が分かるとはこのことだ。

この優秀な人材の育成こそが、十年右肩上がりのチャートに表われているのである。

地

地の利があるか。

地の利とは、その企業の展開している場所が、今後、人口増加や発展する場所にあるのかといった立地的な観点が一つ目。

二つ目は、その企業の事業に未開拓の部分が多く残されており、今後の発掘作業次第で埋蔵物が豊富に望める土壌的な観点。

三つ目は、同業他社は多いがその業界の中では有利な立場に立っており、例えその業界が悪い方向に進んだとしても、先に倒れて行く同業者を安く吸収し、残存者利益を得る事ができる立場的な観点。

風

相場に吹く風は様々な種類が何層にも分かれており、その一つ一つを認識しなければならない。

代表的な風を記す。

世界動乱の風…地球上の全てのものに影響を与える出来事で起こる風。
域内の風…東証一部やマザーズあるいは業種や関連銘柄等、個別の業績に関わらずある域内で起こる風。大抵は一日限りが多い。また、東証一部とマザーズの関係のように、ある域内で風が吹き荒れる事で、別の域内が閑散とし、むしろ逆風になる場合もある。
材料の風…将来の業績に関連した情報が具体的にでる事で起きる風。企業発表の情報や政策の設定、世間情勢など様々で、一日で止む風もあれば数年単位で吹き続ける風もある。
連想の風…連想の対象が輝かしければ根拠が薄くても構わず吹く風。人為的・作為的に動く事が多く、瞬時に風向きが変わるので注意が必要。
駆け込みの風…人間の強い感情により起こる風。ストップ高・ストップ安付近で強く吹く。「乗り遅れたくない」「早く逃げたい」といった感情が有り得ない最大瞬間風速を記録する事もある。

追い風か向かい風か、微風か強風か、今日だけの風なのか明日も吹き続く風なのか、トレーダーは一人船頭に立ち、その風を敏感に感じながら優位な方向に舵を切って行かなければならない。

時として、人はその行為を「信念がない」だの「逃げ足が速い」だの批判的に解釈する。

前述の「人」や「地」を見た上での投資であれば確かにそうだ。

しかし、短期売買のトレードにおいては「風」と後述の「波」をいち早く察知し、上手な身のこなしができる者が勝者となる。

かつて日本の首相を務めた中曽根康弘が「政界の風見鶏」と揶揄されていた。

ところが当人は意にも介さず、「国家の大事を成すには、風の流れを読み取り、それまでの姿勢を翻すことも必要でありそれが政治というものである」と、彼の海軍将校時代の経験を交え堂々と説いていた。

一国の大宰相がそうであるなら、一トレーダーが「相場の風見鶏」であって何ら恥ずかしい事はない。

波

波とは、風起こるところに現れ、その風が強ければ強いほど逆方向に吹き返す反動力としての作用を及ぼす。

風が積極的な動意のエネルギー源で様々な意味を抱えて現れる事に対し、波は動意の方向に対して常に抵抗体として存在する。

それは自然の摂理によりバランスをとる事を使命としているかのようである。

波の存在意義についてだが、相場においては大変重要な役割を果たしている。

良い相場とは所々で押し目を挟み上がったり下がったりし、疑念をその都度解消することで盤石な株価を形成していく。

それは、伴侶と時には仲違いしながらも、その都度本音を確認し合う事で揺るぎない信頼関係を形成していく事に近い。

良い事と悪い事を繰り返しながら成長する方が物事の基礎は強固になるのだ。

ところが波がなく一本調子に上がっていく相場は悪い相場となり、推進力のみが頼りの株価には欲望をむき出しにした参加者ばかりが群がり、結果、早晩その相場は崩壊する。

それは、ただ一方向だけに力をかけ続けたプレートが最後には耐えられなくなり、歪の解消として地震が起こる現象とも似ている。

波が介在しないまま成長した物事は、最終的に蓄積された反動力によって壊滅するのだ。

このような波の役割が頭にあれば、株価の地盤が「ゆるく危ないところ」や「固めで落ち着きやすいところ」が分かるようになり、極論すれば短期トレードはこの考えのみで勝利できる。

会社名・業種・業績を一切知らなくても、ここ数日の値動きが分かれば良いので、突然モニターの前に座っても一分後には利益を上げることが可能となるのだ。

恥《ち》底《てい》菊《きく》刀《とう》

——相場に及ぼす恥の文化の力

「恥の文化」という言葉がある。

一九四六年に出版された、アメリカの文化人類学者の著書『菊と刀』の中で語られている、日本人のメンタリティを言い表した言葉である。

欧米人が、絶対的な神の存在を信じ、自らの行動を神の規範に照らし、それに反してない（罪にならない）限りにおいて自己の行動を肯定していく「罪の文化」であるのに対し、日本人は、多神教で絶対的な神の存在がないため、自らの行動を世間の目に照らし、それに否定されない（恥にならない）限りにおいて自己の行動を決定していく「恥の文化」であると定義付けたものだ。

もう一段簡単に言い換えると、「欧米人は世間の目を気にせず、自分が信じる道を最優先に行動できるのに対し、日本人は世間の目が最優先であり、それが満たせるのであれば自分の意に反した行動でもできる」。あるいは「欧米人は、誤魔化しのできない神に罪を告白することで心の荷を下ろすのに対し、日本人は、誤魔化しのきく世間なのだから、恥をかかなくて済むよう隠しておく」といった解釈になる。

出版された時代の歴史的背景もあるのだろう、この定義には欧米人の美化と日本人の蔑視が込められており、全てをそのまま受け入れる事はできない。

しかし、確かにある一面を鋭い刀で突かれているように感じる事も事実である。

日本人の謙虚で和を乱さぬよう自らを抑制する気質は、他者のためというより他者からの厳しい目を恐れての要素が大いにあるのではないか。

「おもてなしの心」とあるが、それは「恥ずかしくて人様にお出しできぬ」といった恥の回避からくるモチベーションなのかもしれない。

良いところと悪いところを併せ持つメンタリティではあるが、原発事故や組織の不祥事といった事件・事故の際の全容解明・再発防止といった自浄作用能力としては、欧米に大きく劣るものがあることを認識する必要がある。

この日本人のメンタリティが、相場の中で赤裸々に披露されることがある。

それは企業不祥事が明るみに出たときだ。

不正会計、製品データ改ざん、コンプライアンス違反、経営者の問題等、様々な種の不祥事があり、当然のように株価は下がる。

そして「恥の文化」の中にあって、世間にその恥がさらされたとき、株主も投資家も実体の損害以上にそのダメージを算定してしまうのか、過度に株価が下落するケースがよくある。

そのようなときは、その事案を見極めれば大きなチャンスとなる。

「不正会計ではあるが過去の処理で消化した問題であり、今後の決算に影響を与えないもの」「代表者の着服問題であるが、金額自体は経営上影響あるレベルの額ではなく、代表者は創業者でもなく容易に交代ができる」

このような事案では、確かに世間の「恥」をかくことにはなるが、その後の経営にはさほどの問題にならない。

「恥」の要素で下げただけなら株価は短期間で元に戻る可能性が高いのだ。

恥の底値に『菊と刀』の趣旨を見出す事を覚えておこう。

気を付けないといけないのは「恥の文化」である故、明るみに出た部分が一部でしかない可能性がある事だ。

経営者が恥を恐れ、全てを明かさず中途半端な対応で誤魔化そうとしている場合も多々ある。

その場合、呆れるほど後から後から事実が出るため、その都度株価は下がり、疑心暗鬼に陥った株価はなかなか元には戻らない。

実際の話で、ある日本の大企業が欧米人を社長として迎え入れたため、過去の不正問題を知ってしまい、それを告発しようとした欧米人の社長とそれを防ごうとする日本人の経営陣との間で大騒動があった。

それはまさに「罪の文化」と「恥の文化」の衝突であり、『菊と刀』の指摘は言い得て妙であると捉え、投資行動にも生かしていきたいものだ。

忍《にん》待《たい》金《きん》也《なり》

——耐え忍び待てば金

「沈黙は金なり」という言葉がある。

確かに人と会話をする時、余計な事は言わず聞き手に回るだけで円満に行く事は多い。

沈黙すれば、相手に対してこちらの手の内や不用意な情報を与えずに済み、敵意を持たれる事もなく、逆に理解者として好感を持たれる場合まである。

加えて相手の情報を引き出すことで、こちらとしても上手な対応が取りやすくもなる。

私の経験上であるが、争いが起こった時は沈黙も一つの手段だ。

例えばある集団で意見対立があり、Ａの意見、Ｂの意見、そして私のＣの意見があったとする。

話しが始まると同時に、主張を通したいＡとＢは抑えきれない思いを必死に語りだす。

私はまるでそれに理解を示すかのように、黙ったままうなずくような態度で聞き手に回る。

そのうちにＡとＢは互いの欠点を突き合うような対立関係に発展してくる。

するとＡもＢも私を味方に引き込もうと、私に同意を求め、了承をもらおうと判断を仰ぐようになる。

私としてはCの意見であるが、ＡＢの情報を多く入手した上で、この対立の落としどころをどうすれば良いか一番分かる立場に立てる。

ＡＢとの感情的問題もないから、その集約作業に主導権を持ってあたれる事となり、結果、Cの意見を最大限に反映した結論を出す事に成功するのだ。

相場において沈黙とは、ポジションを持たずにチャンスを待つ事である。

ポジションを持たなければ、冷静に相場状況を監視することができる。

ポジションを持つ事で発生する銘柄の執着や価格の固執がないので、客観的に売り手と買い手の戦況を伺いながら、流れの先を予測することができる。

そして、このような展開になれば入るべきチャンスというシナリオをたて、後は戦況の変動によってシナリオを微調整しながら入るべきところで入れば良い。

大きな下落となった場合には、青息吐息の買い手が、苦しさから逃れるための了承をもらうかの如く、新たな買い手に安値で打診を入れてくる。

それはAやBが私に同意を求めてくる状況に重なって映るものだ。


当然難しい点もある。

この作業をしても実際にシナリオに乗らない展開の方が多い。

逆に何も考えずに早く参戦していた方が儲かっていたという場面が、いくつも目の前を通り過ぎて行く。

それにたまりかね、シナリオを破り捨て闇雲な戦いに参戦してしまうと、運否天賦の戦いとなり戦績は見事なまでに悪化する。

心高ぶるなか、じっと待つのは確かに辛い。
ひとたび相場に相対すると思い悩み、悶々とし、心かき乱されることばかりだ。
しかし、断言するが株式相場での「待つ」事は必勝の術といって過言ではない。
特に経験に乏しい初心者なら、まずは最初に身に付けるべき術だ。
信長、秀吉、家康が真正面の力勝負をすれば家康は勝てない。
ならば勝てる時が来るまで待とうという家康の知恵や忍耐がそこにはある。
耐え忍び待つ能力は、誰しも持てるが誰しも持ってはいない。
持たざる者は傷つき削れ、持てる者はその破片を静かに拾う。
あなたにはその選択肢があるのだ。

三《さん》衝《しょう》観《かん》砕《さい》

――相場の転換は三の数字を意識しろ

人は、価値観・人生観あるいは相場観といった、これまでの経験で培われた物事の捉え方・考え方についての指針があり、それを頼りに判断を下すものだ。

相場の世界でも上級者となれば当然、過去の豊富な経験を元に自分なりの相場観を持ち合わせている。

この観念というものは、一度人の心に取り付くと中々変えられるものではない。

なぜなら、それを変える事は、これまでの自分の考え方を否定する事になりかねないからだ。

そのような強固で堅牢な人の観念だが、相場の世界では時折、この観念が総崩れになりチャートとしてその様相が表される事がある。

それは、短期的に大きく三段階動いた後は、株価は一旦戻るといった現象だ。

これは日足であれ分足であれ、その時間軸と割合こそ様々だが、似たようなケースによく遭遇する。


ある日、ある銘柄が大きく下がるとする。

場はにわかに慌ただしくなる。

場の中では、多くの者が狼狽えてはいるがその大半が「偶《たま》さかの特殊な出来事」

と捉え、その内に落ち着くだろうと考える。

それが常識なのだから。

ところが第二派の下げがやってくるとする。

こうなると話は変わってくる。

「偶さかの出来事」と思っていた事が二回続くとそれは三回目も有り得るという想像が、狼狽える者達の頭を駆け巡る事となる。

冷静さはなくなり戦々恐々とし、常識が通用しなくなった状況下が、まるで水上の丸太の上に立たされているかのような足元がおぼつかない精神状態となる。

しかし、必死で踏ん張ろうとする。

なぜなら心のどこかで「これ以上は有り得ないだろう」と一縷の望みが残されて

いるから。

そして無情にも第三派が来た場合はどうなるだろうか。

もうこの段階においては、一縷の望みなど誰も持たない。

全てが絶望と化す。

「望むものなどない。今あるこの苦痛から抜け出ればそれでよい」

恐怖・嘆き・自棄・解放、それらが詰まったおびただしい数の株券がばら撒かれ、値は有り得ぬ安値を付ける。

故に行き過ぎた株価は当然の反動が起こり、チャートに鋭利な先端が刻まれる。

歴史的に見ると我が国でもこれに当てはまる経験がある。

それは太平洋戦争の敗戦時。

当時の日本は、敗色濃い戦況にも関わらず一億玉砕を掲げ、いくら犠牲を払ってでも本土決戦で戦い抜くといった強い観念が軍部を中心に根付いていた。

一部には、無謀な戦いを諦め降伏すべきだという考えをもった者もいたであろうが、それを口にできる状況ではなかった。

なぜなら、それまで国民には「欲しがりません勝つまでは」をスローガンにし、兵には「生きて虜囚の辱めを受けず」と軍規し、青年には「お国のため」と特攻隊に送った以上、生き残っている者が「苦しいから降伏します」とは言えなかったのだろう。

しかし、その観念が一変したのが昭和二十年の八月に三つの衝撃が起こってから。

八月六日、広島に原爆投下

八月八日、ソ連対日宣戦布告
八月九日、長崎に原爆投下
この三つの事実により、軍部をはじめ日本全体を取り巻いていた観念が大きく砕かれ、降伏への理解が広がったのだと認識している。
そして反動としての平和主義がこの国を取り巻いて行ったのだろう。

「三空叩き込み」「三空踏み上げ」「三尊天井」「仏の顔も三度まで」「三度目の正直」「三顧の礼」「三度諫めて身を引く」

古より相場の転換や人の心変わりに関連した言葉には「三」がよくつく。

人付き合いにおいても、三回会った人とは馴染みの仲になった気がする。

だから私は人に頼みごとをする時、断られても三度までは努力をするように心がけている。

相場の世界で繰り広げられる心理の動向とは、実社会とも共通する部分が多く、生き方の知恵として活用できるものなのだろう。

第二章　勝利を正しく恐れろ

汚《お》装《しょう》抜《ばっ》栓《せん》

――不要なプライドは自らを縮め閉じ込める

彼女はお店随一の美貌の持ち主。

しかしナンバーワンの座はそのおかげではない。

彼女もかつては悩み苦しんだ。

容姿の良さは彼女も自覚するところ。

そこに生まれた妙なプライドが、綺麗な内面を演じさせる要因となっていた。

綺麗さを保とうとするための言葉は、どこか人の心に通じない。

心が通じなければ、人は居心地の良さや楽しさを感じない。

客にはよく「綺麗だね」と言われるが、客足はそれに伴わなかった。

シャンパンを勧めても断りの言葉しか返ってこない。

自信を失った彼女に、それ以上攻める勇気など持てるはずがない。

綺麗な自分である事だけは守ろうと、ただ必死で演じる事を続けた。


ある夜、そんな彼女に転機が訪れた。

その日はハロウィンの企画で、彼女達は皆仮装をしなければならなかった。

メイド、チャイナ服、巫女、チアガールといった可愛らしい衣装が用意されている中、彼女は運悪く血に汚れた花嫁の衣装が回ってきたのだ。

いつも着用する綺麗なドレスではなく、汚く汚れたドレス。

顔も出血痕のある気味の悪いペインティングをさせられた。

彼女の心の中では、「どうして一番美人の私がこんな汚い恰好をしないといけないのよ」と穏やかならぬものがくすぶっていた。


営業が始まり、彼女は接客に入った。

すると客は大笑いでその容姿をののしってきた。

このような事態は彼女にとっては初体験。

最初は戸惑いながらも、時間の流れとともに接客は忙しくなる。

その忙しさの中で、ある時点から夢中に楽しんでいる自分に気づく。

綺麗さはない、プライドもいらない、馬鹿にされて当然。

演じる必要性がなくなった事で、好き勝手な言葉が次から次へと湧き出てくる。

その言葉に客は沸き立ち楽しんでくれる。

結果、ハロウィンの夜にシャンパンの栓は初めて抜かれた。

この夜の出来事は彼女を変える大きなきっかけとなった。


トレードにおいても失う事に対して過剰に恐れを抱く場合がある。

連続勝利日数の更新中や目標金額の到達後など、必要のないプライドが心理的にトレーダーの手足を縛り縮め、収穫物の獲得ではなく保全に重きを置いてしまう。

このような潔癖性が出てきた時は要注意だ。

本来稼げる金額が稼げておらず、認識のない損失を受けてしまっている可能性がある。

一反の汚れ（損失）を敢えて受けてでも、縮こまった自分を目覚めさせ、シャンパンが抜栓されるように、本来の自分の力を解き放たなければならない時があるのだ。

猛勝慎蔑《もうしょうしんべつ》

——猛々しい勝利は危険信号

ある取組の方策について、複数で意見を突き合わす場合に、積極果敢で攻勢的な意見と慎重で守勢的な意見に分かれるとする。

この場合、攻勢的な意見の方に分がある事が多い。

そもそも方策を考える事自体が何かのアクションを必要としている状況である事に加えて、攻勢さは積極性の表れであり、明るく熱く猛々しさで溢れている。

一方で慎重さというのは消極的とも取られ、暗く冷たく悲観的で印象という部分で大きく負けているからだ。

つまり猛々しさは濃く、慎重さは淡いのだ。

そして、この猛々しさに成功という結果が出た場合に、厄介なものが生まれてくる。

それは、守勢で慎重な意見を出していた者に対する蔑みの心だ。

人間の積極性というのは成功体験により、間違った増長を引き起こす事が多く、その「思い上がり」は「慎み」を馬鹿にする。

このような状況になると、その後の方策を立てる場合にも積極的な意見が通りやすくなるばかりか、積極性を推し進める者同士で、更に積極性の先鋭さを競う事態となる。

この方向に進みだすと危険だ。

誰も制御する事ができなくなり、常識的な判断からかけ離れた意思決定がまかり通るようになる。

当然それが長く続くはずがなく、最後は大きな代償を払う事で終焉となるのだ。

古今東西、国家や会社組織など、例を挙げれば枚挙にいとまがない。

かつて日本でも日清戦争・日露戦争・第一次世界大戦を「戦争」という積極的な選択肢で勝利した。

それで終われば良かったのだが、その成功体験が「戦争以外の方策」という平和的で慎みある方策を蔑み、それを唱える者を「非国民」とまで言わしめ、その後の誤った道に進んだ要因となったのではないだろうか。

この事は、ミュンヘン会議で恫喝外交に成功し、その後の大戦を引き起こしたナチスドイツも同様だろう。

昨今では某国の膨張的活動が徐々に成果を上げる事で、内部の力学が恐ろしい方向に向かう事が心配の種である。

話を戻すと、この事はトレーダー個人の中でも展開されており、意識する必要がある。

今日のあなたの猛々しい成功が、あなたの中の慎みの心を消し去ってはないだろうか。

今日のあなたの攻勢による勝利が、慎重に投資判断をして結果を残せてない他のトレーダーを蔑んでいないだろうか。

今日のあなたの大きな儲けが、額に汗を流し地道に稼いでいる人間の行為を馬鹿にしていないだろうか。

相場では猛々しさだけで大勝利する事は決して難しくはない。

明日もその猛々しさで勝てるかもしれない。

覚悟すべきは、その勝利によってあなたが慎みを失ったトレーダーへと変質すれば、遠くない将来に必ず終焉をむかえるという事だ。

適利五千《てきりごせん》

――デイトレーダー一日の適正利潤は五千円

デイトレーダーが場中に取り組む労力を、世間一般の労働対価に換算した場合、一日の労働時間は五時間（前場・後場の通算時間）となる。これに一般的なパートタイマーの時間給である千円を掛けると五千円という金額が導き出される。

私はこの五千円という金額こそがデイトレーダーの適正利潤として認識している。

この説明を聞いて今、失笑された方もいるだろう。

「なんてチンケな金額だろう」と。

しかし、今、本当にそう思ったのなら大いに気をつけた方が良いと思う。

実際の所、あなたが生み出している経済的価値はその程度しかないのだから。

そして、これを認識する事であなたのトレードは、より安定して幸福なものに変貌するだろう。

これまで「今日は十万狙っていたけど五万円しか取れなかった」と落胆していた心持が、「今日は五万円も取れて本当に嬉しい。人の十日分を一日で稼いだんだから何てありがたい事だ」と思えるようになる。

「一日の獲得金額五千円」

この金額で納得できないようであれば、あなたには驕りがあり、世間を舐めている証拠だ。

「驕っちゃ罰が当たるよ。たかがデイトレーダー」

この心を成功した後も忘れずに持ち続ける事は、幸福と財産を継続して持ち続けるための必要条件となるのだ。

虫《ちゅう》良《りょう》潜《せん》鬼《き》

――居心地の良い所には何かある

場中では、些細ではあるが楽に利益が出せそうな場面がある。

大きな買い板の上で、小さな板が緩やかに揺れている時などがそうだ。

見ているととても安定・安全で、その小さな板の揺れが手招きをしているようにも感じる。

この分かりやすさに多少の違和感をもちつつも、少額ならばと入る事にしてみる。

するとどうしてだろう。

その瞬間、先ほどの揺れがピタリと止まるではないか。

「まあいいだろう少額だし。気長に放置して他で稼いで行こう」

という考えのもと、他に目を当てる。

その日は、先行して高騰した銘柄が全体を引っ張り、活況な銘柄が頻出する非常にとりやすい日であった。

このような日は、出遅れた銘柄を適当に購入し放置するだけで、結果としては許される事が多い。

ところがである。

気が付くと先ほど少額だけ買った銘柄が大きく値を下げているではないか。

「あれほど厚くあった板がどうして破られたのか」

値は下の場所でゆらゆらと力弱く揺れていた。

少額買いにしては割と多い含み損。

見渡すと上げ調子の地合い。

このような時の不愉快さは含み損以上に感じるものだ。

そして同時に湧き上がる状況打破の念。

「この右往左往した力ない板の揺れに対して、自らの力で秩序と方向を付けようではないか」

決意は固まった。

「よし行こう！」

手始めの買い。

続けざまに次の買い。

次いで値を地に打ち込む大きな指値投下。

値はそれに反応して跳ね上がる。

間髪を入れずに勢い付けの追撃買い。

一連の動きで含み損はあっという間に含み益に。

「ふっ簡単なもんだ」

そこで現れた更なる欲求。

「結構買い込んだがこの地合いなら放置が良策か。全戻しならばかなりの儲けになるな」

振り返れば実はこの時が最後の逃げ場であった。

数分間の軽い売り買いが続いたのちの動きが止まった時だった。
鉄砲水のような爆弾売りが全てを流し去ったのだ。
もちろん先ほど投下した大きな指板も飲み込んで遥か下流まで。

被害は甚大であった。
発端はまったく大きくもない些細な利益狙いから。
しかし虫の良い考えが帯同していた事も事実。
この虫の良さの中に小さな鬼が潜んでいたのかもしれない。
その小鬼はその誘因性で私を三度場の中に引込んだ。
一度目は楽に取れると考えた虫の良さから発生した初めの少額買い。

二度目は板の弱さに付けこもうとした虫の良さから発生した反転買い。

三度目は虫の良い必要以上の欲求から発生した売る事の躊躇い。

その後、小鬼は突如凶暴な大鬼へと豹変し、私はとんでもないところまで流されてしまった。

気付くべきだったのは初めの下落の際にも、その豹変と狂暴性は垣間見られたであろうという事だ。

その性根は銘柄の動きの癖として繰り返される事が多いのだから。

今回この小鬼と遊ぶ事で失ったものは実際の損失だけではない。

その最中に活況な地合いで高騰した銘柄は多数あった。

私は途中から小鬼に全ての思考・手間・時間を費やしてしまい、稀にしか訪れないこの大切な時間を棒に振ったのだ。

それはまるで実直なセールスマンに憑いた性悪な冷やかし客のように、貴重な時間と労力を溶解し、大切な見込み客との機会を食害したのである。

虫の良いところには小鬼がいないか気を付けた方が良い。

その小鬼は魅惑的な誘因性でトレーダーを引き込み、手間と時間を浪費させ最後には豹変しトレーダーを翻弄するのだから。

弾頭馬鹿《だんとうばか》

――馬鹿の成功例とは

百五十万円を一ヶ月で一億円にする方法はある。

十日で二倍になる銘柄があるからだ。

この銘柄を百五十万円の信用取引一杯だと四百五十万円購入できる。

十日後二倍になれば四百五十万円の利益と百五十万円の元金で六百万円になる。

それを元に次の銘柄を信用一杯で千八百万円購入。

十日後二倍で千八百万円の利益と六百万円の元金で二千四百万円。

同様に繰り返すと次の十日後、計三十日後には約一億になる計算だ。

当然、話は簡単ではない。

二倍銘柄を三回的中させないとならないし、そもそも地合いが良い時期でないと

二倍銘柄は頻繁に出てこない。

しかし、それ以上に困難な事がある。

初日目の信用枠一杯で購入する馬鹿。

十日間それが二倍になるまで売らずに待つ結構な馬鹿。

十一日目に折角の利益を信用一杯で再投資するかなりの馬鹿。

二十日目に二倍になる事を信じて、ただ見ているだけの超大馬鹿

二十一日目に家が買えるほどに増えたお金を、まるごと信用一杯で巨額購入する

スペシャル級の馬鹿。

三十日目に二倍になるまでの間、当初の百五十万円ほどの金額が分刻みで増減したであろう状況を、何もせず待ち続けたスーパーウルトラ級の馬鹿。

これだけの馬鹿を通常の感覚の人間が繰り返せるだろうか。

弾頭馬鹿とはこの事で、出鼻から全開噴射、自らが破滅しない限り、雨が降ろうが槍が降ろうが、たじろぐ事もためらう事もなく、目標に到達するまで馬鹿であり続ける事。

実際にこのようにして、短期間で巨万の富を手にした人はいるであろう。

その裏側で同様の試みに失敗し、破滅した人間が相当数いる事は確率論で説明がつくが……。

しかし、破滅したとはいえ、短い期間で幕を引けた事を考えれば、この世界の様々な苦痛を味わう事なく退場できて良かったのかもしれない。

期待や夢を抱き、多くの時間と努力と勤しみを割いた挙句の退場が、幾多もある現実を考えれば、長い闘病生活の末、苦しみながら力尽きる方より、過激な運動をして心臓マヒで亡くなる方が楽だという考え方も否定はできない。

ベトナム戦争を描いた映画『プラトーン』で「ベトナムで死ぬなら早いほうがいい……苦労が少なくてすむから」というセリフがあった事を思い出してしまう。

馬鹿である事も、あながち悪い事でもなさそうだ。

神撫空隙《しんぶくうげき》

――負けないといけない日もある

初めはそうでなかった。

ただ、不思議と連続して勝利する日が続いた。

やはりそれは気持ちのいい事である。

何と言っても数字が組めた事が良かった。

月の目標金額を割ってはじいた一週間の目標金額が容易に達成でき、翌週分まで前倒しで達成できたりもした。

そのような時は、お昼にステーキとハンバーグの両方が乗った少し値の張るランチを注文し、日替わりランチのマカロニを啄《ついば》むサラリーマン達を横にして揚々と食べたりもした。

変調をきたしたのはこの頃からだった。

連続して勝利する事のみによりこの気持ちのよさは維持できる。

そのうち、これが途切れる事への不安を過剰に抱くようになり、一円たりとも負ける事が許せない心理状態となっていた。

この記録の継続を今後の自身の武勇伝にしてやろうという色気もあった。

つまり常勝という完璧さを求めるようになっていたのだ。

変調の第一は余計なブレーキをかけ過ぎるようになった事だ。

その結果、一日の収益が減った。

一定額に到達した所で減る事を恐れ、妙味のある場面に手が縮む。

自ずと収益は伸びず冴えない。

第二の問題点は、負けが先行すると無理に取り返しに行くようになった事だ。

しかも「早く取り戻さないと」という気持が強く、ポジション過多に陥りやすい。

それでも結構それが通用する。

通用しない場合でも、更なるそれ以上のポジションを組む事で対処したりもした。

スピード大幅違反のアクセルの踏み込みであるが、捕まらなければやった者勝ちである。

辻褄が合えば良い。

連続勝利日数の記録は、このようにして五十営業日近くまで継続して行ったのである。

そして、ついに懲罰の日がきた。

過剰なブレーキとアクセルがアンバランスに混在したトレードの中で、やってはいけない速度大幅超過の派手な衝突事故。

数十営業日分の収益を吐き出す大損害。

身に覚えのある兆候としては、辻褄を合わす頻度が予震のように数日前から頻発していたのを覚えている。

だからこの日が来た時にはそこまで驚きはしなかった。

ホッとした気持ちとともに、ある摂理のようなものを確認できたような気がした。

トレードの成績とは自らの技量、心理状況、運勢、相場環境といったもので構成されており、その中には負ける日も織り込んでいる筈で、全ての領域を司れるのは神以外にはない。

しかし、私は本来であれば負けの日であるところを無理やりに負けない日にしていた。

それは神に対抗する行為と言えよう。

結果、そんな愚かなトレーダーには神の鉄槌が降りる事になるのだ。

トレーダーとは孤独である。

孤独が故、周囲の余計で無用なものを排除し、自らの道を究めようと一切の不効率を許さない潔癖で完璧なものを追い求めようとする。

しかし、その考えの行きつく先には神が支配する領域があり、神はその領域に踏みこむ事を許さない。

完璧を求める事が、逆に不効率な結果を招く事を私は認識した。

神から愛されようと思えば、抱っこして撫でてもらうための隙間を開けておかねばならない。

抜け目があり、たまに負けるぐらいの可愛げがないと、神様はそっぽを向いてしまうのだ。

膨《ぼう》餅《へい》萎《い》靡《び》

——過大な幸運は破裂をおこし萎えるだけ

トレーダーの夢は儲けること。

しかも大儲けをすること。

一つの株を手にした時から、期待に胸が膨らみ、夢と希望が心を駆け巡る。

実社会においては、人並み以上に求められる努力と創造力を駆使し、数限りない選択肢の中から数少ない正解を選び出し、複雑怪奇な人間関係を乗り越えた一流と呼べる者のみが成功し、巨万の富を手にすることができる。

そんな現実を考えれば、指先だけを動かし、買うか売るかの二択を当てるだけで無限の富を追えるトレードの方がいかに夢が間近にあることか。

確かに夢や希望を追えるのは幸せなことである。

誰しも宝くじを握りしめ当選金の使い道を夢描いた経験はあるだろう。

しかし、トレーダーとしてその夢が簡単に現実のものとなると少々問題が出てくる。

トレーダーとしての技量が未熟でも、何かの間違いで億万の富を手にする事例はある。

そしてその成果を自らの実力と勘違いし、自らを一流の人間と思うようになる。

その思い上がりの中で、溢れんばかりのお札に囲まれたとき、何かが破壊されるのだ。

生活は大きく変わる。

まずは衣食住の全てが数段階向上することから始まる。

それによって実益的な欲求は満たされるが何か物足りなさを感じる。

一流の人間と違うのは周囲の人間からの尊敬が全くないところ。

しかし本人は一流の人間と勘違いしているので、その隔たりを埋めないと気が済まなくなる。

高級な車、高級な時計、高級な着衣、その主張は外部に向きはじめる。

ところが周囲の目は一向に変化がない。

近づいて来るのは、金銭欲にまみれた人間ばかり。

気が付くと自分の立ち位置が何の幸福感も感じないところだと思うようになる。

むしろ日々の散財で減少していく資金に不安を感じるようになる。

ならばと再度トレードで稼げるのなら問題はないのだが、まぐれは続くはずがない。

ましてやそのような不安定な精神状態でまともな戦いができるはずもなく、結果は惨憺たるものとなる。


一流の人間であれば自らの足でたどり着いた場所、それは誰しも踏み入る事ができない険しく困難な場所であるが、そこから更なる高みを目指していく事もできるだろう。

一方、何の努力も何の地道さも何の根気も要さず踏み入った者は、高みを目指すどころかその場に踏みとどまる事すらできない。

その後の人生は大変である。

夢は達成した。欲しい物も手に入れた。しかし誰一人認めてくれなかった。

埋まらない気持ちが苦痛となって自らを苦しめる。

懸命になれたものが白けたものとなる。

もう地道なトレード、根気のトレードなんてできっこない。

普通に働いて得られる報酬の額面を見て、馬鹿げた行為として意味を見いだせなくなる。

せっかく訪れた大きな幸運を下手くそに摂取したことも認識せずに。

ただひたすら資金を垂れ流し、打つ手もなく下り坂の人生を生きて行くしかなくなったのだ。

まるで焼いて急激に膨らんだ餅が破れ、その後ただ萎んでいくように。

繚宴紡糸《りょうえんぼうし》

――快晴の日に雨の日の備えをする精神力

トレードの世界にも天候がある。
視界良好で素直な快晴の日。
見通しが悪く動きも鈍い曇りの日。
ちょっとでも表に出ようものなら、瞬時にずぶ濡れになる大雨の日。
トレーダー達は快晴がお好みで、今日は至る所でお祭りが開催されている。
そんな日は、煌びやかな高騰銘柄群が摩天楼のように数多く建ち並び、夜になるとその高層階の明るく輝いた窓の中で、勝利に酔いしれたトレーダー達の繚乱した宴が開かれ、眼下に望む低層住宅で質素に生活をおくる住民を小馬鹿にしたような笑い声が聞こえてくるようだ。

私はいつも低層住宅の中に居る。
そして一人、部屋の中で絹の糸紡ぎをしている。
紡ぎの作業とは、蚕が長い時間をかけて吐き出した繭を鍋で煮る。
柔らかくなった繭からは細く艶のある糸がつまみ出せそれを糸車にかける。
そして丁寧に糸を切らさないようにゆっくりと丹精込めてひたすら巻いていく。
実に地味で根気のいる作業だ。

しかし、その作業の先には、丈夫で美しくどんな天候の日でもさらりと気持ちの良い、確かな品質のシルクを手にする事ができる。

摩天楼を見上げると今日もまた繚宴が開かれているようだ。
以前の住民とは入れ替わっているようだが、私には何の関係もない。
私は、ただ今日も糸を一本一本紡ぐだけの事。
地道に、地道に、希望を織り交ぜながら。

朝《ちょう》麗《れい》暮《ぼ》灰《かい》

——朝方の麗しさが夕暮れには灰燼に帰す

温室の麗しい布団に包まれ、朝を迎えるＴ氏。

最近の好成績には大変満足しており、気分の良い目覚めの時間。

朝の眩しい光がＴ氏の身の回り全てを照らし輝き、太陽までもが祝福しているかのよう。

その日も朝一からＴ氏の順調なトレードがスタートする。

このような時、人は精神的に安定し、麗しい心で無理のないトレードを心地よくこなし過ごせるというものだ。

ややわがままを言うなら、利益を出してはいるがいつもの水準ほどではないため、「麗しさ不足」な感は抱くT氏であった。


そんな中、株式相場の恐ろしさは前触れもなくやってくる。

T氏がふと見ると、他の銘柄に比較して、明らかに動きの違う目につく銘柄があった。

その荒れた動きは大きくそして速く、まるで乱舞の渦のように渦巻いてあった。

普段は敬遠するところであるが、先ほどの「麗しさ不足」が些細にT氏の心を突いてくる。

危険極まりない様相ではあったが、「指で軽く触れるぐらいならば」と恐る恐る触る事にした。

ところがそこで急激な変化は始まった。

濁流に伸ばした足が、身を丸ごと飲み込むかの如く、指先で僅かに触れた瞬間、乱舞の渦はあっという間にT氏の腕を巻き込み、そのまま体全体を凄まじい力で相場の最前線に引き込んだ。

態勢がとれないまま、渦中で慌てるT氏だが、徐々に周りの様子が見えてきた。乱舞の渦の中では泣き、笑い、怒り、悲しみ、の人面が無数に飛び交いぶつかり合っていた。

初めはその光景に恐怖し、ただ渦の中で受動的に身を守っていたT氏であるが、ほどなくすると心の一方で芽生えた彼の強欲が、自らを主体的に乱舞の中で抗う人面の一つへと変化させ、恐怖と強欲が複雑に絡み合う錯綜の中で、内面の全てをさらけ出し、その何もかもをまき散らし、ぶつけばらまいた。

そして、その抗いの中で力尽き気を失った。


気が付くと夕暮れである。

そこは当然、幸福の布団の中ではない。

薄暗い光に照らされ目に飛び込む褪せた色彩が、いつもの温室と対極にある場所である事を知らせる。

周りには傷つきうな垂れた人面の数々があり、どうしてだか互いの姿を気にしている様子である。

ところが、各々が酷い惨状の割に互いを心配しあっている様子でもない。

そして、更に違和感をもったのは、こちらをみて安心したように微笑んでいる人面が数多くある事に気づいてからだ。

何事かとT氏はわが身を確認して、そのあらゆる意味が理解できた。

自らこそがどの人面にも勝る壊滅的惨状ではないか……。


もう朝の麗しさに戻る事はできない。

T氏はその絶望の地で嘆きの夜を迎えるのであった。

第三章　敗北の夜に

敗《はい》戦《せん》捉《そく》姿《し》

——戦いに敗れた時こそ自分の姿を捉えろ

間が悪かったな
確かに今日の負けはひどいもんだ
やっとつかみかけてた自信
簡単に吹き飛んでしまったな
相手が悪いのかお前が悪いのか
心の中では分かってるだろ

お前の弱いところ
お前が不安に思っているところ
何もそれと戦えなどと言ってない
考えるだけで十分だ

知を得て心なし
知と心を得て色なし
色まで得ようと知と心を失う
初めからお前の目論見には無理があった
欠陥のないものなど見た事がない

絶頂期の最中にあるものは無敵に見える
眩い輝きが実際の輪郭を隠してしまうから
敗れ輝き失せたお前は姿形がよく分かる
目を背けずその姿を捉えるのだ
こんな時こそ真の力が試されるのだから

損益逸避《そんえきいっぴ》

――知らぬ所で多くの災難を回避している事実

一日の相場が終わり、その結果により人は喜び悲しむものだが、多くのトレーダーがバランスの悪い考え方により心を乱している。

それは結果について振り返る時、「いくら利益が取れたのか」もしくは「いくら損害を出したのか」という売買損益とは別に、「あの時買っていればこんなに儲かったのに」というチャンスを「逸失」した後悔の念を語るトレーダーが非常に多いからだ。

つまり成功した部分は「利益」という要素一つに対し、失敗した部分は「損害」

と「逸失」という二つの要素で考えるので、どうしても不満足な心理状態になってしまうわけである。

架空の利益を想像するときりがない。

「A銘柄がストップ高！」「B銘柄怒涛の七連騰！」「日経平均大幅続伸！」あなたはこのような見出しを目にした時、取り残された気持ちにならないだろうか。

しかしこれはフェアな捉え方ではない。

実は上場銘柄の一日の値動きだけでも、殺人的な動きをしている銘柄が日々多々存在する。

あなたにとって魅惑的で性悪で無慈悲な銘柄が、いつも相場の中を彷徨いあなたを引込もうとしている。

しかし、あなたには分別と理性が正常に働いているからこそ、その誘いに引き込まれずに済んでいる。

まずはこの事自体に感謝するべきである。

毎日、あなたは幾多ある災難を知らずのうちに「回避」しているのだから。

「損害」「利益」「逸失」「回避」この四つをバランスよく頭の中に配置する事で、無用な苛立ちを抑える事が可能となる。

更に「逸失」の未練を容易に消し去る力を備える事ができれば、あなたのトレードは一段高いものとなることだろう。

逮《たい》捕《ほ》速《そく》白《はく》

――捕まったのなら速やかに白状しろ

嘘はいけない。

なぜなら嘘の為の嘘が必要になり、嘘で塗り固めた作品造りを本意に反して作業するというのは、多大なエネルギーと精神的苦痛を伴うだけでなく、一点の綻びがあるだけで作品は瓦解し、それと同時に長年積み上げてきた信頼も瓦解するからだ。

ダメージコントロールの観点から言えば、嘘はリスクが高く割に合わない、愚か者の行為と言える。

相場の中にも嘘つきがいる。

私もその中の一人かもしれない。

下に指値を入れて相場の動きを見ていると、突如として理解不能な大幅下落が起こり、指値が約定するのは無論の事、指値の価格を大きく突き抜けて、遥か下まで一瞬にしてもって行かれる事がある。

買った瞬間に大きな含み損の状態で、板はにわかに賑やかな動きとなる。

不快に感じるのは、確かに指値を入れたのは私であるが、このような一瞬の展開は人の意図と悪意を感じるところである事。

そして、拘束され、含み損で揺れ動く株価を見ていると、無実の罪で逮捕され狼狽える冤罪反のような気持になる。

その納得のいかない心境が、次なる取り繕い、ごまかしの一手に繋がる。

「もう、株価が買った値まで戻る事はない事は確か。つまり損切確定か」

「いや、結構な含み損だしこの展開は納得がいかない。予測不能な動きに危険性は感じるが動きは良い。ナンピン買いを多めに入れれば一段高上がるだけで損は帳消しだ」

「そう、この試みが上手くいけば、無罪放免で釈放され、美味しい空気が吸えるではないか」

もし、ここで含み損のポジションがなければ、このように考える事もないだろうし、タイミングや数量的にも普段では有り得ない発想がこの瞬間に出現している。

ところがそうしなければこの含み損解消の帳尻が合わない。

「無傷でありたい」

この考えは、人が嘘を吐く時と同じ心理状況と言える。

得てしてこのように過度に動く相場展開は、大口の仕掛けである場合が多い。

ここでごまかしのナンピンは、次の下落の被害をもろに受け、多大な被害となる。

その先に突き付けられる選択肢は酷なものだ。

まず、降りる事が地獄。

このような甚大な被害を認めるハードルは、トレーダーにとってかなりの高さにある。

一方で、一旦ごまかしのナンピンをしてしまったトレーダーにとって、不本意ではあるが、更なるごまかしのナンピンを採用する事についてのハードルは容易な高さにある。

それは嘘つきが嘘を固めるほど後戻りできなくなり、不本意な道を歩まざるを得なくなったようなものだ。

その採用により嘘で塗り固めた作品の具現が、膨れに膨れたポジションとなる。

この作品は図体こそ大きいが、表面は薄く内部はスカスカで、僅かな接触や風あたりで破裂し吹き飛んでいく代物だ。

傍らで呼吸困難に陥った作者が、その動向を祈りながら見守る事となり、その多くは悲惨な結末となる。

相場において「これは間違った」と思う事があれば、素直に手仕舞うべきであろう。

前述のような状況や誤発注で売り買いを反対にしたり、発注量を過大にしてしまう事もある。

普段では取りえないポジション状況は「失敗」の状況にもかかわらず、「嘘」を用いて取り繕う企ては「大きな敗北」の始まりとなってしまう。

逮捕されたら速やかに白状する事が、この世界でのダメージコントロールとしては正解なのである。

汝《なん》自《じ》身《じ》殺《しんさつ》

――汝よ自分を殺してみろ

あなたは臆病に生きてないだろうか？

仕事・家族・友人関係・将来の生活。

これらが上手く行かなくなる事を恐れてないだろうか？

もし恐れを抱いてその事に向き合っているのであれば正した方が良い。

恐れは主体性と積極性の根を枯らし、周囲の都合に振り回されるだけの人生となる。

つまり、あなたを生かすも殺すも他人次第となる。
そんな人生でいいはずがない。
ならば恐れから逃げる事を止め、恐れを受け入れる事から始めよう。
簡単な方法がある。
それは自分を殺してみる事だ。

ある会社の経営者が大口の取引先に頼った経営をしていたとする。
大口先から切られる事は、この会社の死を意味する。
臆病な経営者は、大口先の付き合いを必死で守る事だけを考える。
切られる事を覚悟した経営者は、大口先を失っても問題ないよう他の取引先を増やす事を考える。

老後の生活を心配する夫婦は、現状の変化に怯え、今こそ必要な出費を貯金通帳の中に閉じ込めてしまう。

老後に生活が破綻することを受け入れた夫婦は、今、子供たちのために何をすべきかを本当の意味で考える事ができる。

トレードにおいても同様である。

死神があなたを相場の世界から抹殺しようと、あなたのトレードに対して悪戯を仕掛ける事を知っていたとする。

この場合、銘柄・価格帯・保有量・保有期間を考え、抹殺される可能性を計り、有り得る災難を受け入れ、その範囲の被害を覚悟する事ができれば、この死神から逃げる必要はなくなる。

最悪の災難を受け入れ、それでも自身の生存が確認できるのなら怖いものはなくなる。

それが理解できれば、勝負の時に躊躇ない決断をすばやく出せるトレーダーとなれるだろう。

崩端魔抓《そうたんまそう》

――小さな負けを有難く受け入れる

トレードの世界では、交通事故のように日々様々な惨事が発生している。

もらい事故のような不運から起こる事故もあれば、まるで何かに取り付かれたかの如く暴走した挙句の死亡事故も多く見受ける。

お亡くなりになられた方は、相場の中に徘徊する魔物が助手席に乗っていたのかもしれない。

私もこの魔物の存在は知っている。

この魔物は、私が強い欲望をもった時に車の扉を開けて入ってこようとする。

しかし、数々の経験の中から、私はこの魔物を寄せない心構え「欲張らない事」を実践する事で遠ざけてきた。

安全運転というやつだ。

魔物はそんな私を諦めたのか、遠くに離れたようで、慎重で守り重視のトレードは、危なげない順調な日々を送っていた。

そんなある日、私はその日も順調にトレードし満足な状態で終わろうとしていたが、安易に入った銘柄の引け間際の大幅下落で、一日の利益以上を一瞬で失ってしまった。

結局その日の損益は若干のマイナス程度だったが、負け方が悔しすぎる。

一日何十通りにもおよぶ思考と手間で積み上げた利益。

それをたった一手のミスから不意にしてしまった。

翌朝の私は、まずは昨日のマイナスを一瞬で消し去ろうと、そしてできれば昨日積み上げたあの山の高さまで早く戻そうという発想の中にいた。

そうなるとどうしても大き目のポジションとなる。

結果は裏目に出た。

昨日の負けを取り戻すどころか一週間分の利益を吐き出す結果となった。

その日からだ。

私の運転が変わったのは。

一日の取引金額が三〜四倍ほどになり損益も大きく振れた。

ただし上手くは行かない。

その釈然としない状態のまま九営業日経過したところで大きな事故はやってきた。

なんと損失金額は二ヶ月分の利益を吹き飛ばす額。

ナンピン、ナンピン、ナンピンで過大に膨らんだポジションと損失に耐えかねての底値全決済叩き売り。

被害は甚大だった。

その夜、喪失感に打ちひしがれながら考えた。

「取り返しがつくのかつかないのか……」

結果、これは無理だという事に至った。

そして、その考えの中で分かった事があった。

そう、あの魔物に抱き込まれていた事を。

魔物は軽く被弾した私の、僅かな傷の中から飛び出たほんの小さな欲望の端緒を見逃す事なくしっかりと抓み、ゆっくりとゆっくりと引っ張り、いつの間にか、普段表に現れる事のない強欲・執着・焦り・自棄の心が曝け出されるほど抓み出していたのだ。

私はいつの間にか暴走運転の徒に成り下がってしまっていた。

あの挑発的な小さな負けの日を端緒に。

誰しも有り得るこの魔物の抓みであるが、私なりの除霊方法として、損失を出した日には、次のように考える事にしている。

今日、年の稼ぎほどの損失を出したのだったら、それは死亡事故だと思い直ちに引退しろ。

今日、月の稼ぎほどの損失を出したのだったら、スピードを抑えるため速やかに資金を半分以下に減資しろ。

今日、週の稼ぎほどの損失を出したのだったら、渋滞に嵌った程度の事としてイライラせず構わず忘れろ。

今日、日の稼ぎほどの損失を出したのだったら、遅い車が前を走っていたおかげでスピード違反で捕まらなくて済んだと思い感謝しろ。

そう考えるようにしている。

魔物に欲望の端緒を抓ませないために。

情笛絶無《じょうてきぜつむ》

——相場では情けの笛は鳴らない

サッカーの試合を観戦していると奇妙に感じる事がある。

ホームのチームとアウェーのチームとで審判の判定に違いがあったりする。

また、判定に対して観客の怒号まで交えた強烈な抗議があったあとは、その後のプレーで抗議した方に有利な判定が出ることを何度も目にしたことがある。

加えて大差がついている試合で、勝っているチームには厳しく、負けているチームには甘くジャッジが下されていたりもする。

審判も人間であり、自己の保身やバランスが偏った事に対して温情的な処置として基準を動かしているのであろう。

この事についての是非は答えがでない。

しかし、よく考えるとこの社会はそういうものばかりで溢れている。

小学校の運動会の玉入れで、どう見ても玉の数が少ない方の籠を、入りやすくなるようそっと下げる教師。

不動産の営業成績に伸び悩む社員にたいして、元気付けに売りやすい物件を回す上司。

また、大きな不幸事が起こることで、自身の全ての事を許してもらえる一定の期間というものもある。

忖度を受けるような立場の人は少数だと思うが、温情や親切なら誰しもが常日頃から受けたり与えたりしているのではないだろうか。
そのお湯に甘んじて浸かり、甘えを与え、逆に甘えを快く受け入れるのも心地よいものではある。

しかし、この湯船の感覚を相場に持ち込むと痛い目に遭う。
トレードの判定はあなたに厳しくもないが甘くもない。
確定した損失はいくら巨額であっても一円たりともまけてはもらえない。
今日大きく負けたからといって、明日取り返すチャンスが巡ってくることもない。
武士の情けもなければ判官贔屓もなければ審判の同情の笛もないのが相場なのだ。
ところが、普段甘えのお湯に浸りきっているトレーダーは、分かっていてもどこかで甘えの考えが抜けない。

「自分はこれだけ大変な目にあったのだから、きっと何かが助けてくれる」と都合よく考える。

その挙句が、一発逆転狙いの狂った暴挙を招き、深く冷たい水の底へ沈むこととなるのだ。

無《む》辺《へん》均《きん》衡《こう》

――全ては広大なバランスの上に成り立つ

幾万のトレードを経験すると、多くの不思議な現象に遭遇するものだ。

楽なトレードが続いたため気が緩み、安易なポジションをとるや否や、見えざる神の手のような株価の動きで一瞬にして利益を持ち去られる事がある。

また、大きな損失によって感情をコントロールできなくなり、欲望任せのトレードをすれば、必ずといっていいほど手痛い罰が下される。

確率論では説明が付かないようなことが身に降りかかることがあり、まるで相場の番人が安穏とするトレーダーや秩序を乱すトレーダーに対して鉄槌を下しているかのように感じる。

それだけではない。

トレーダーはいつも進むか退くかの決断を迫られるのだが、険しい方の道を選んだ方が正解であることが多い。

買いたい衝動に駆られたときは、ぐっと我慢。

買うのが怖い場面では勇気を振り絞っての突撃。

予想に反して下がったので、これ以上下がりそうになくても決断の損切。

利が乗ったし下がりそうな雰囲気なので、利食いしたいが我慢の保有。

この四つだけでも簡単ではない。

多くのトレーダーが楽な道を選んでしまう。

しかし、トレーダーの九割は負け組と言われるなかで、勝利への選択肢とは易しい方には存在しないのだろう。

楽な道を選べばその先には、いつもそれ以上のいばらの道が控えている。

何かを楽に得ると何かを失い、何かを耐えると何かを得るといった、均衡を図る自然現象のようなものが相場の中で空気のように存在しているのだ。

いや、その現象は相場の中だけに留まらない。

家庭環境、人間関係、健康状態、そういった物を疎かにすればトレードに悪影響が及ぶ。

逆にそれらを改善する努力をする事で、不思議とトレードの調子がよくなる事すらある。

この均衡を図ろうとする力は、人間の全ての関わりにおいて垣根を超えて作用するのだ。

人間の関わりというものを、自らの周りを360度取り囲む平面として見立てた場合。

その平面には無数の人生の刻みが起伏となって模様を描く。

物事がうまく運んで高く隆起した部分。

何をやっても上手くいかない低く沈降した部分。

経験上の現象をその起伏にはめ込み、隆起した部分と沈降した部分の総量を差し引きすると、均衡し凹凸のない無辺の平面が地平線のように伸びているという解釈が成り立つ。

その解釈を「無辺均衡」と呼ぶ。

人生良い時も悪い時もあるが、その起伏は均衡するということ。

汗を流すことなく過ごした若者は、年を過ぎて涙を流さねばならなくなる。

傷つきやすく人一倍辛さを感じ取り、人一倍深い深淵に落ち込みながらも、そこから這い上がって来た人間は、ひとたび昇りの機会に恵まれると、その培われた推進力で常人ではあり得ぬ高さの隆起を形成することができる。

即ち我慢、努力、忍耐、辛抱、こういったものだけを求められる時というのは、全てが必要な沈降内での作業の時代であり、その作業はいずれ昂然として美しい山岳形状の隆起となって人生に現れることだろう。

今、あなたが抱えている相場の苦しみは、楽に儲けようとしてもたらされたものなのか、それとも未来のために必要なものなのかを考え、無辺均衡の整理を付けると良いのではないか。

愁劫相癒《しゅうごうそうい》

——癒えることなき傷、癒すことのできる傷

人は誰しも癒える事なき傷を負っている。
大切な人を亡くした悲しみ。
あの日の行為の後悔。
青春時代にやり残した事。
叶わぬまま終わった願い。
それら過ぎ去った過去、取り返しのつかない過去というのは、心に深く傷を残し

一生癒える事はないだろう。

つまり、愁傷（深い悲しみ）は、残劫（劫はヒンドゥー教用語で一劫＝四十三億二千万年）し、例えあなたの寿命が百年であったとしてもどこまでも消える事はなく、死ぬまでその傷を背負って生きていくしかない。

一方、相場の傷はどうだろうか。

相場の傷といってもただ単に金銭の損失だけではない。

自らの自信の喪失や実力への懐疑といった心の中にも傷を負う。

しかし、ここで愁傷とは大きく違う点がある。

愁傷は、自分自身の努力で解決できないどうにもならない事だが、相傷は自らの決意・努力・意気込みで原状回復し未来につなげていく事が可能であるという点だ。

私は、相場の世界は可能性に満ちたものであるという事をここで伝えたいと思う。大事な事は、驕り・思い上がり・強欲・執着・焦り・自棄の考えを捨て、わきまえ・節度・感謝・見切り・余地・地道の心で相場に取り組めば、何度でも立て直せるのが相場であり、すなわち時間の経過や他人の意志、あるいは不可抗力といった、自らがコントロールできない事で生じる傷に比べ、相傷は自らの中で全てを完結でき、希望を見いだせる問題である事を忘れないでほしい。

相場で失った自信と金銭は相場の中で取り返す事が可能なのである。

第四章　明日の戦いのために

投売長者《なげうりちょうじゃ》

——喜んで投げ売れ。素早い投げ売りは長者への道

その1

悪い女に捕まった
いや、捕まったというのは間違い
掴んだのは俺のほうだから
もう二週間もメールの返事が来ない

その間どれだけの時間、女の事を考えたことか
きっと今、何食わぬ顔で過ごしてるんだろう

これまで何度もそうだった
美味しい食事をご馳走するためどれだけ調べ回ったことか
喜んでもらえるプレゼントを探しにどれだけ歩き回ったことか
翌日の一言で終わるお礼メールの対価としてはえらく高くないか
あの女は俺が期待する行動をとった試しがない

だからもう追うのはやめよう

明日、電話番号も消去しよう
そして新しい女を見つけるんだ
分かってる
その女も上手くいかないことぐらい
ならばすぐに見限るだけの話
もう惑わされない
もう少し頑張れば振り向いてくれるなどと
あの女のおかげで徒労という意味の全てが分かった
だから喜んで何度でも何度でも振られてやる
だって最後に本当に心通う女を掴むのだから

その2

悪い株に捕まった
いや、捕まったというのは間違い
購入したのは俺のほうだから
もう二週間も下げが止まらない
その間どれだけの時間、株価のことで悩んだことか
きっと今、ここの会社の経営者は何食わぬ顔で過ごしているのだろう

これまで色々な努力はした
業績についてどれだけの資料に目を通したことか
会社の売上が上がるよう買い物をしに何店舗渡り歩いたことか
千円の株主優待クーポンの対価としては偉く高くないか
この会社の株は俺が購入してからひたすら下がり続けることしかしない

だからもう持つのはやめよう
明日、証券会社に電話して処分しよう
そして新しい株を購入するんだ
分かってる

その株も下がることぐらい
ならばすぐに投げ売るだけの話
もう迷わない
あと少し待てば上がるなどと
あの経営者のおかげで不甲斐なさという意味の何もかもが分かった
だから喜んで何度でも何度でも投げ売ってやる
そして最後に本当の夢株を掴むのさ

頭《ず》輪《わ》解《かい》放《ほう》

——規律を守るために規律を解放しろ

私の知っているトレーダー達は、男女の関係にだらしない者が多い。
ある日、私はこの事について腑に落ち、肯定的に考えるようになった。

この世の職業というのは、規律性が高ければ高いほど社会的地位の高い職業になる関係性が見受けられる。
政治家・官僚・医者・弁護士、これらが代表格といえるが、この並びを見て思い浮かぶ事が不倫・愛人・女遊びというのは偏った見方であろうか。

規律とは真逆なキーワードであるが、それらが随伴していてもこの世の中は回っているのだから不思議なものだ。

というよりも仕事から離れた場所での遊びであれば、彼らの規律性を支えるバランサーとして役割を果たしているのかもしれない。

そう考えてからは、私は人の見定めに男女関係のだらしなさは外している。

それにより、本職における能力・規律性のみが明確に見えるからだ。

ましてや一介のトレーダーに、男だ女だ厳しい目を向ける気など更々ない事は言うまでもない。

トレードを続けるとは規律を守り続けるという事だ。

これが非常に酷な作業で、相場に取り組む意欲が旺盛であればあるほど、孫悟空の頭の輪のようにその縛りに苦しむ事になる。

だから一日の取引を終えた後は、ストレスの塊のような状態になる。

しかしここから先は別世界である。

頭の輪を外し、欲求をかなえる事が認められた時間となる。

規律を守れた者であれば当然得ているであろうその果実があれば、自身の欲求を満たすには様々な選択肢があるはずだ。

うまい酒、美味しい料理、やさしい女性、たまには時間をとっての旅。

この解放は心おきなくやった方が良い。

そして酒を知り、食事を知り、女性を知り、知らない土地を知り、付随して伝統・四季・歴史・接客の心といったこの世界の奥深さを感じとる事になる。

その効用として偏狭な考えが薄れ、懐の深さ、余裕ある心構えとなり、焦らない妬まない無理をしないトレードへの好循環となるのだから。

一握教室《いちあくきょうしつ》

――担任として目の届く教室を作れ

三千六百銘柄。

これは取引可能な上場銘柄のおおよその数である。

この中から年間に取引する銘柄が二割もあれば、かなりアグレッシブなトレーダーである。

そういったトレーダー達のトレード環境をたまに目にするが、モニターを数多く配置し、おびただしい数の銘柄を表示させ、チャート表示や板注文表示などが賑やかに点滅している。

いったいどこまでこの動きを把握しているのかは分からないが、気分が悪くならないのか不思議でならない。

そういった様々な表示が並ぶ中で、私が重要視するのは監視銘柄の画面である。何の銘柄を選ぶかはトレーダーの各々の考え方にはなるが、問題となるのは絞り込みの数である。

あらゆる可能性を考え、明日動くかもしれない銘柄を監視銘柄に上げていくと、直ぐにその数は百を超えてしまう。

経験上、そのぐらいの数の銘柄をモニターに表示させ、ザラ場で動きを追うことは、人間の処理の限界を超えていると言える。

試行錯誤の末、現在は四十銘柄程に落ち着いたところだ。

このぐらいの数であれば銘柄名、価格帯、板の厚み、ここ数日の動きや動きの癖などがだいたい把握できる。

だから急に動意づいた場合も早く察知し、直ぐに駆けつけることができ初動を逃さずに済む。

良い癖、悪い癖を知っているので、ポジションサイズや利確ラインも瞬時に組み立てる事が可能だ。

モニターの動きと自分の認識にダイレクト感があり、相場の風と各銘柄の躍動が肌で感じ取れる感覚なのだ。

この数が増えると見逃しが増えて虻蜂取れずのような事が起こり、逆に少ないと相場全体の雰囲気や相関性・連動制の強弱が掴みにくくなる。

学校でひとクラスの人数は四十人程度が多い。

恐らく教師として生徒の動向まで目が届く限界がそのぐらいの数なのではないかと考える。

どんな性格なのか、誰と仲良しなのか、なにか異変はないか。

教師としてこのぐらいの事は把握し、一つの教室をしっかりとグリップする必要がある。

だが、これが百人もなればそうはいかなくなるだろう。

四十人であれば持てた熱意や粘りやが百人になることで虚脱と諦めに変わり、学級崩壊となってしまう。

トレードにおいてもこの観点は必要だ。

いたずらに情報に溢れてしまうと、散漫と疲れで成績が悪くなる。

自らが把握できる範囲の教室を定め、把握できる数の生徒のみ席に座らせる事で、あなたの能力を一番に引き出す事が可能となるのだ。

史《し》巡《じゅん》想《そう》及《きゅう》

――想いを巡らす鍛錬を積め

世の人々は、何事もなく過ごす日々を望んでいる。
平和で安定した日常が良いのは当然の事だろう。
ところがそれでは困る人たちがいる。
株の世界に蠢く者たちだ。
株価が動かない事を一番恐れている。
そのため常に株価を動かす動機・口実を探し回っている。

まるで喧嘩相手を探しに街にくりだすフーリガンのように。

狙われた株にひとたび火が付けば、乱闘騒ぎのような株価の乱高下が始まり、全国各地から乱入者が相次ぐ。

この殴り合いの分捕り合戦の中で、泣くもの笑うものが出てくるが、この喧騒を予測し先回りして株を押さえていたものが一番笑う事になる。

後に検証すると、「なるほどこのシナリオは気が付かなかったが、予知ではなく予測の範囲であり、誰しも考え付く話だったな」と少々苦い気持ちになる。

喧騒を予測し先回りし火が付くのを待ち、火が付かなければ諦める。

これには、「近い未来を予測する技術」と「人々の感情を扇動し、より喧騒する事象を見抜く技術」が必要となる。

ならばこの技術を磨くために、未来の事ばかりを見つめ、喧騒の感情に身を置く事で、その技術が向上するかと言えば、そうではない。

むしろ逆である。

喧騒とは真逆の静寂に身を置き、過去の事について想いを巡らすことで、その鍛錬になる。

それがどういうことなのか二つほど例をあげようと思う。


大分県の観光名所に臼杵の石仏がある。

平安時代後期から鎌倉時代に造られた石仏五十九体が今も形を残す。

謎は、質・量・規模において我が国有数の石仏群でありながら、誰が何のために造ったのか定かでないところ。

これまで一度も栄があった地ではないであろう場所に、山を切り開き想像を絶するような作業・手間が掛けられ石仏が造られている事が見て取れる。

誰が何のため——。

そう考えると想像は広がる。

当時の有力者が力の誇示や見栄・道楽で造ったのでは……。

最初はそう考えた。

しかし、そうであるならもっと華やかさがあってもいいはず。

この石仏群には、そのような気持ちの表れとなる色合いが全くない。

それでは純粋な信仰心からか。

確かに素朴とも言える地を選び、世にさらす事を目的としたというより、俗世を遮断し信仰を深める事を目的にしたと考える方が合点はいく。

ならば何世代にも渡り続いた信仰心とは何処から来るものなのか。

これこそ謎である。

俗世といえども今ほどの堕落したものではないであろう時代に、それを遮断し気の遠くなるような作業を伴いながら、追い求めたものとは何だったのだろうか。

この石仏を作り出した根源については興味が尽きず想いは及び広がる。


私の住む街に陸軍墓地がある。

毎年、終戦記念日になると私はそこを訪れ、この国のために犠牲となった兵士のためにお水を注ぎお参りをする。

そこの墓地には、日清・日露戦争や大東亜戦争での戦没者の墓だけでなく、傍らには拉猛雲南（ビルマ・タイ）の奥地で補給路を断たれ、最後まで戦い玉砕した兵士たちの墓もある。

私はその前に立つと身が震える。

厳しいところだったろうに。

暑かっただろう、辛かっただろう、国に帰りたかっただろう。

私は遠く離れた見知らぬ地で、人知れず戦い、無残に散った兵士の気持ちを考えると、涙を堪らえることができなくなる。

夏日の強い日差しの直視を受け、その墓標の前で注いだ水が蒸発する様子は、兵士たちが欲していた水を届ける事ができたかのように思え、蝉の鳴き声が響き渡る喧騒の中にあって静寂を感じる。

毎年の帰路で思う事は、「今年もあの墓地で人に会わなかった」。

終戦記念日であるこの日にあって、国のために殉じた人たちをないがしろにし、どうして未来のための学びが得られようかと想いは及び広がる。


勝手な想像、思い込みであっても良い。

史跡を訪ね巡り想いを及び広げることで、トレードをする上で大切な考えの及びを広げ察知する能力を向上させることは可能であると考える。

相場を短期的に大きく動かす原動力は人々の喧騒的感情であることが大半であるが、だからといって近視眼的に入っても振り回されるだけである。

喧騒に火が付く前の静寂の中にこそ、想像を巡らせ先回りをする相場の楽しみがあるのだ。

水蜜甘夢《すいみつかんむ》

――ようこそコブラの夢へ

それは実に素晴らしい夢だった。
普段、取り柄のないサラリーマンの私が、そこでは名うてのデイトレーダー。
独り相場に立ち、相場を睨み、相場の中を駆け抜ける。
誰から指示される事なく、誰に気兼ねする事もなく、進むも退くも全てが自分次第。
ある時は風説屋の流言飛語を逆手に儲を弾き。

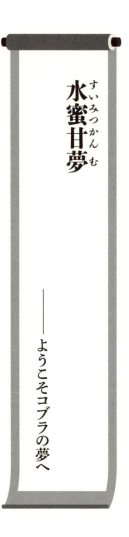

ある時はアングロサクソンの強烈な売玉爆弾から身をかわす。

スリリングでドラマチックな展開は、毎日飽くことなく繰り広げられていた。

これぞまさしく私が望んでいた世界。

山ほどあるチャンスを前に、闘争本能は開花し、眠っていた潜在能力は引き出される。

面倒な事は逃げるように生きてきた私が、むしろ面倒な売り買いの激しい交錯に、率先して飛び込んで行く。

言いたいことを言えず、人の顔色を伺いながら、予定調和から外れぬよう生きる私が、そこには一切なかった。

大暴落の日でも、険しい死屍累々の相場の樹海の中から、財宝を握った私が跳び抜けて出てくる。

まさに無敵だった。
欲しいものは何でも手に入れた。
叶えたいことは何でも叶える事ができた。
中洲の夜の水蜜桃のような美女の愛さえも意のままだった。
そして甘い夢は、溶けるように薄れ徐々に覚めて行く……。

我に戻る私があった。
天井を見上げ、余韻に浸り、小さな頃見たアニメ番組と重ね、じっと考える。
確かに私は今現実に生きている。
しかし、夢の中の私は活きていたなぁ。

投資なんてのは、浮ついた人間のやる事かと思っていたけどそれは違うよな。
夢の中の私は、自分で考え、自分で判断し、自分でその責任をとっていた。
周りに左右され、周りに依存した今の私の方が、余程浮ついているではないか。
地に足が付いてないのは私の方だろうに。
投資を始めれば、生きながら活きることもできるのか。
そして夢を持つことができる。
なんて素晴らしいことなんだ。
よし！
この夜、相場の世界にまた一人男が誕生した。
トレーダー達は今夜も甘い夢を見る。

あとがき

思いがけない気づき

　本書執筆の作業を進めるにあたって、特に意識した事は、読者にとって読みやすく、分かりやすく、使いやすくを心がけ、私と同じく飽きっぽい性格の方でも最後まで読んでいただける本を目指した。その甲斐あっての事か、ここまで目を通してたどり着いた読者様には、大変な感謝の気持ちをお伝えしたいと思う。

　実際のところ本書の執筆は、読者に主眼を置いての作業ではあったが、現段階においては私個人のトレード成績に大きく寄与している。勝率は明らかに向上した。トレードにおいて必要な規律や戒めを四字熟語という短い言語にした効果があったようである。

「乱参天舞」「残了給食」「忍耐金也」これらは私の攻めっ気に水を差す四字熟語であるが、状況を認識し心の動きに歯止めをかける具体的な存在力となっている。

以前は具体的な言語としては頭になく認識がおぼろで、分かってはいても同じ失敗を重ねていた。

本書を執筆するうえでの大きな気づきは、人は経験を踏んでもその経験を上手に整理しない事には次に生かす事ができず、その整理方法として手短な言語化は有効な手段になり得るという事だ。

生身の人間の力は必要なくなるのか

相場の世界にアルゴリズム取引（コンピューターの自動売買）が入り年月も経つが、年々その活動は幅を利かせていくばかりである。ゴールドマンサックスのような大手の投資銀行でも、人間であるトレーダーは首を切られＡＩ（人口知能）を駆使したより高度な売買システムに置き変わっているらしい。

今現在でもその取引によって短期トレードは食い荒らされているが、これが十年後には本当に人間には手出し無用の状況になっていても不思議ではない。

それは相場の世界だけではない。ＡＩの進化により人の仕事の多くは機械に置き換わると言われている。銀行員、タクシー運転手、工場作業員、これらの職業は置き換わる道筋が既に見えているものだ。更に進化が進めばより多くの仕事が機械任せになっていくのだろう。

「ＡＩでこんな事ができます。あんな事もできます」

最近はそんなニュースが企業の担当者の解説付きで流れたりするが、私は多少の違和感をもって受け止めている。なぜならその技術革新の行き着く先に、人間の存在意義の低下しか見えてこないからだ。経済の循環についての不安もある。技術や規格を押さえた者だけが富める世の中になったのではたまったものではない。

例え経済循環の問題が解決されたとしても、人がただ楽に生きるために生きるのであればその瞬間から人間の退化は始まる。ＡＩは日々進化し人間は日々退化する世の中。その先に待ち受けるのは、楽な生活を先取りした挙句の苦痛しか残らない悲惨な老後生活ではないだろうか。それは「無辺均衡」の原理から導き出されるものでもある。

四字熟語の力

ＡＩは日々進化する。これはどうしようもない現実だ。それに対して人間の進化はどうだろうか。いくら知識と経験を積み上げても寿命がくればそこで終わり。次の世代は赤子のゼロからスタート。上の世代の貴重な経験・知識は上手く下の世代に伝わることなく、同じような過ちを下の世代は繰り返す。人間の一生として成長はしたとしても、世代間・人間間の伝達は中途半端なため不効率な成長にしかならない。歴史のなかには今に通ずる重要な教訓があるにも関わらず、それを上手に整理し多くの人々に分かりやすく伝える作業がおろそかにされているのが現実である。

そのような状況の中で、私は四字熟語の力に可能性があるのではと期待している。歴史的な教訓、大衆心理の悪い特性、誰しも陥る過ち、これらが手短な言語で表現され広く認識される事で、人間の進化にとって大きな力になるではないだろうか。つまり人間の進化とは、言語の進化による認識力の向上・経験則の共有化という効果によって効率性が増すのだ。言語の進化が進めば、都度の無用な説明は省かれ、認識の相違も無くなり、コミュニケーション手段としての機能性は向上する。それがＡＩの進化に匹敵するものとは思わないが、少なくとも人間側の抗いの一つの手段にはなるだろう。実際に私はその手段で機械化が進む相場の世界で一矢報いているのだから。

本書を読まれた方には是非、オリジナル四字熟語を創造される事をお薦めしたいと思う。知識や経験として心の中にはあるが、全体像が整理されておらず、人生の中で引き出される事なく、しまい込んだままの宝物が、あなたの中にも存在しているはずである。その宝物を使えるようにし、あなたの人生が活きる事に繋がれば、私にとってもこの上ない喜びである。

■ 著者紹介

さくらの虎清

1974年福岡県生まれ。会社経営をしながらも株式の中長期投資、スイングトレード、デイトレード、全てにおいて過去9年間、年間収支で負けなしの安定した運用実績を記録。特にデイトレードにおいては過去6年間で負けた月が2回だけという圧倒的勝率を誇る。「公共心なき相場の勝者は社会の害悪」という考えのもと、執筆活動および施設や路上で四字熟語啓蒙活動を展開中。

相場力は人生力

お金儲けだけが相場ではない 人生の投資はここから始まる

2018年11月24日　第1刷発行

著　者　さくらの虎清《とらきよ》

発行者　太田宏司郎

発行所　株式会社パレード
　大阪本社　〒530-0043　大阪府大阪市北区天満2-7-12
　TEL 06-6351-0740　FAX 06-6356-8129
　東京支社　〒151-0051　東京都渋谷区千駄ヶ谷2-10-7
　TEL 03-5413-3285　FAX 03-5413-3286
　https://books.parade.co.jp

発売所　株式会社星雲社
　〒112-0005　東京都文京区水道1-3-30
　TEL 03-3868-3275　FAX 03-3868-6588

印刷所　中央精版印刷株式会社

ISBN 978-4-434-25365-2　C0033